KLEINE PAUSEN voller Glück

Unser
Leben bedarf
*kleiner
Pausen*,
um Glück
zu tanken.
ANGELIKA EMMERT

Glücksmomente

Oft suchen wir nach dem großen Glück, dabei können wir es häufig direkt vor unserer Nasenspitze finden. Das Glück versteckt sich nicht in einem Lottogewinn oder einer Reise um die Welt, sondern in den vielen kleinen, wunderbaren Momenten, die uns jeden Tag begegnen! Wenn du eine kleine Pause machst und dir Zeit nimmst, ist es gleich viel leichter, sie zu entdecken.

Der richtige Augenblick
zum Glücklichsein
ist jetzt!

RAINER KAUNE

Tu immer das, was dir ein Lächeln ins Gesicht zaubert.

EINFACH MAL DIE

Pause-Taste

DRÜCKEN.

DAS GLÜCK DES AUGENBLICKS
lässt sich nicht für später aufheben.

ERNST FERSTL

Man muss nur
warten können,
DAS GLÜCK
kommt schon.

PAULA MODERSOHN-BECKER

Etwas Großartiges
kann nur
entstehen,
wenn du klein
anfängst.

Puste ein bisschen Glück in dein Leben!

Zeit für dich

Im Trubel des Alltags ist es wichtig,
sich auch mal Zeit für sich selbst zu nehmen.
Schaffe dir also ganz bewusst kleine Wohlfühlmomente –
lade dich selbst ins Kino ein, bewundere den
Sonnenaufgang, widme dich deinem Lieblingshobby
oder genieße ein langes Schaumbad bei Kerzenschein.
Sei gut zu dir selbst – du bist und bleibst schließlich
der wichtigste Mensch in deinem Leben!
Außerdem ist es entspannt und ausgeruht auch
gleich viel einfacher, für deine Lieben da zu sein.

Das Wichtigste ist,
dein Leben zu genießen –
glücklich zu sein –
das ist alles, was zählt.

AUDREY HEPBURN

Welch ein Vergnügen, abends in einem Winkel
des Gartens vor sich hin zu träumen.

GEORGE SAND

Im Zwitschern der Vögel,
im Leuchten der Sterne und
im Duft einer kleinen Blume …
dort kannst du

DAS GLÜCK FINDEN.

Willst du den Tag

RICHTIG GENIESSEN,

sollltest du keine Zeitung lesen

und Blumen gießen.

HORST REINER MENZEL

Der Himmel auf Erden
wird durch die rechte Einstellung zu den Kleinigkeiten des Alltags geschaffen.

PRENTICE MULFORD

Du allein
bist es,
der dem Alltag
Flügel verleihen
kann.

Dagmar C. Walter

Manchmal sind es

DIE KLEINEN DINGE,

die das größte Glück
ausmachen.

„WAS FÜR EIN SAUTAG!", sagte das Schwein und freute sich tierisch.

CHRISTIAN MORGENSTERN

Alles Große dieser Welt
ist nicht so viel wert wie ein
guter Freund.

VOLTAIRE

Das Glück geteilt mit Freunden
ist uns doppelt süß.

EURIPIDES

Die Welt ist schön,

weil man immer wieder
Neues entdeckt, worüber man
sich freuen darf.

ADALBERT LUDWIG BALLING

Die Erde
ist angefüllt mit
Himmel.

ELIZABETH BARRETT BROWNING

Freude
ist das Leben
durch einen Sonnenstrahl
hindurch gesehen.

CARMEN SYLVA

In jedem Menschen ist Sonne.
Man muss sie nur zum Leuchten bringen.

SOKRATES

Wo das Glück wohnt

Gibt es für dich einen Ort, an dem du dich rundherum wohlfühlst, an dem du einfach du selbst sein und dich vollkommen entspannen kannst? Falls nicht, solltest du dich unbedingt auf die Suche machen! Dieser Glücksort kann eine ruhige Bibliothek sein, ein wuseliges Café, eine schöne Stelle am See oder auch einfach dein Lesesessel im Wohnzimmer. Das Schöne daran: Schon die Suche nach diesem Ort kann dich glücklich machen, denn vielleicht wird sie dich an ganz neue Orte führen und dabei neue, kostbare Erinnerungen zaubern.

An einem schönen Tag im Schatten zu sitzen und
ins Grüne zu blicken, ist die beste aller Erquickungen.

JANE AUSTEN

Sich auch für die

KLEINEN DINGE DES LEBENS

Zeit zu nehmen, ist das
schönste Geschenk, das man sich
selbst machen kann.

IRMGARD ERATH

Das Leben
steckt voller kleiner
Wunder.

DER GEGENWÄRTIGE AUGENBLICK

ist stets voll unendlicher Schätze.

JEAN PIERRE DE CAUSSADE

Wir sind oft nur einen
FLÜGELSCHLAG WEIT
vom Glück entfernt.
PAUL HUFNAGEL

DAS GLÜCK
KOMMT ZU DENEN,

DIE LACHEN.

AUS JAPAN

Weniger grübeln,
mehr lächeln!

Das Glück ist eine Frage des Ausgeschlafenseins.
Verschlafe, wenn du Talent hast, die volle Hälfte deines Lebens,
du wirst dann die andere doppelt gelebt haben.

CARL LUDWIG SCHLEICH

Schlummer dich glücklich!

Nach einer erholsamen Nacht sieht die Welt gleich viel schöner aus! Doch richtig ausgeschlafen fühlen wir uns oft nur im Urlaub. Dabei ist Schlaf so wichtig für unser Wohlbefinden. Versuche deshalb, deinen Schlaf zu einer Priorität zu machen. Stelle dir einen Wecker, der dich an deine Schlafenszeit erinnert, und schaffe dir ein gemütliches Einschlafritual – zum Beispiel mit sanftem Licht, einem guten Buch oder ein paar Tropfen Lavendelöl auf deinem Kopfkissen. Am nächsten Morgen wirst du dir bestimmt selbst danken, wenn du voller Energie den neuen Tag begrüßen kannst.

Genieße das Wunder jedes
kleinen Augenblicks
und freue dich über das,
was der Tag dir schenkt!

Das Glück besteht vielleicht im
STAUNEN KÖNNEN.
HENRI DUVERNOIS

Das Leben wird nicht an der Zahl
unserer Atemzüge gemessen,
sondern an den Momenten, die uns

DEN ATEM RAUBEN.

MAYA ANGELOU

Auch unsere
kleinsten Schritte
sind Flügelschläge,
mit denen wir uns
erträumten
Höhen
nähern.

YVONNE MÖLLEKEN

Das wahre und sichtbare

Glück des Lebens

liegt nicht außer uns,

sondern in uns.

FRIEDRICH HEBBEL

Schirme deine Sorgen ab und freue dich lieber
über deine schönen, bunten Gedanken!

DAS GRÖSSTE

Glück

LIEGT IN DEN KLEINEN DINGEN.

WILHELM BUSCH

Das Glücksgefühl
ist eine
Herzhüpfburg.
RUTH W. LINGENFELSER

Mach mal langsam!

Höher, schneller, weiter ... unsere Welt ist voller Hektik und Stress. Da kann es guttun, mal langsamer zu machen. Wenn du ein wenig das Tempo rausnimmst, kannst du das kleine Glück bewusster wahrnehmen und übersiehst es nicht im Trubel des Alltags. Löse dich von dem Wunsch, ständig beschäftigt zu sein und alles gleichzeitig machen zu wollen. Setze lieber Prioritäten und konzentriere dich auf das, was dir wirklich wichtig ist – zum Beispiel Zeit mit deinen Lieben oder ein Projekt, das dir am Herzen liegt. Erfreue dich am Hier und Jetzt statt von Tag zu Tag zu hetzen!

Abschalten. Sich Zeit lassen.
Die Welt vergessen.
GLÜCKLICH SEIN.
JEREMY A. WHITE

GLÜCK IST
Regen, wenn es heiß ist,
GLÜCK IST
Sonne nach dem Guss,
GLÜCK IST,
wenn ein Kind ein Eis isst,
GLÜCK IST
auch ein lieber Gruß.

UNBEKANNT

Genießen bedeutet: den Augenblick wie Eiscreme auf der Zunge zergehen lassen ...

HELGA SCHÄFERLING

Hundert kleine Freuden sind tausendmal mehr wert als eine große.

PAUL WILHELM VON KEPPLER

Glück ist nur ein Moment, aber
VIELE MOMENTE DES GLÜCKS
können eine Kette ergeben,
mit denen unser Leben reich
geschmückt wird.

HILLA OLNHOFF

Liebes Leben, ich bin bereit für:
mehr Liebe, mehr Abenteuer,
mehr Mut, mehr Spaß,
MEHR HERZMOMENTE.

Wer anderen eine Blume sät,
blüht selbst auf.

Jeden Tag
ein wenig
Beerenpflücker,
Zeitentdecker,
Inselträumer
sein und den
*Zauber
des Lebens*
einfangen.

ANGELIKA EMMERT

Die Schönheit der Erde kann
man nicht kaufen,
sie gehört dem, der sie entdeckt,
der sie begreift und versteht,
sie zu genießen.

HENRY BORDEAUX

Tausche den Ernst des Lebens ab und zu mal gegen Seifenblasen!

Entdecke den Zauber des Augenblicks

Als Kind sahen wir die Welt mit anderen Augen – schon die kleinsten Dinge konnten in uns Freudenstürme und pures Glück auslösen. Wie schade, dass wir das als Erwachsene etwas verlernt haben! Weißt du noch, was dich als Kind so richtig glücklich gemacht hat? Egal, ob Seifenblasen pusten, schaukeln, ein kniffliges Puzzle lösen oder Cartoons anschauen – mach heute doch mal wieder das, was dein fünfjähriges Ich besonders gerne mochte.

Die Seele
ernährt sich
von dem,
worüber sie sich
freut.

AUGUSTINUS VON HIPPO

Das Glück ist

lieben zu können,
lieben zu dürfen.

CAROL ANN HIERL

Man sollte
auch an Wochentagen
ein paar Augenblicke
Sonntag
sein lassen.

UNBEKANNT

Mach mal
Pause
und genieße
die wunderbare
Aussicht.

Das Glück ist ein Mosaikbild, das aus lauter unscheinbaren kleinen Freuden zusammengesetzt ist.

DANIEL SPITZER

Das ist das Schöne an den

kleinen Dingen:

Sie drängen sich nicht auf.

Sie sind einfach da und warten darauf,

von uns entdeckt zu werden.

IRMGARD ERATH

Du bist da,
um dein einziges,
einmaliges Leben

MIT GLÜCK

zu füllen.

EPIKUR

Das Leben ist am schönsten,
wenn du den Moment genießt.

ELISABETH HÜRLIMANN

Ich glaube fest,
dass jede Blume
sich an der Luft,
die sie atmet,
erfreut.
WILLIAM WORDSWORTH

Wenn wir jeden Tag
einen Gedanken oder einen

SCHÖNEN MOMENT

finden, der es wert ist, aufgehoben
zu werden, dann sind wir recht schnell
im Besitz einer wertvollen
Sammlung.

YVONNE MÖLLEKEN

Einfach mal nichts tun und

das Leben genießen.

Das kann so schön sein!

Wer im Grau
des Alltags
versinkt, übersieht
allzu leicht die
BUNTEN
FARBTUPFER
am Wegrand.

UNBEKANNT

Jeder Tag ist ein Fest

Du wünschst dir mehr bunte Abwechslung im grauen Alltag? Dann feiere doch einfach mal einen lustigen Welttag! Die Auswahl ist riesig und bestimmt ist auch für dich etwas dabei!

Hier sind ein paar Ideen:

Tag der Windbeutel am 2. Januar
Welttag der Komplimente am 1. März
Umarme-deine-Katze-Tag am 4. Juni
Tag des Kusses am 6. Juli
Sprich-wie-ein-Pirat-Tag am 19. September
Welt-Seifenblasen-Tag am 5. Oktober

Feiere jeden Tag,
als wäre er dein
Geburtstag!

Lass dich vom Leben verzaubern!

Die Welt ist
mit so vielen Dingen gefüllt,
dass wir alle
glücklich wie Könige
sein sollten.

ROBERT LOUIS STEVENSON

To-do-Liste:

☐ Über kleine Missgeschicke lachen

☐ Zu deinem Lieblingslied tanzen

☐ Den Abwasch heute mal stehen lassen

☐ **GLÜCKLICH SEIN**

Optimisten
entdecken deutlich mehr
GLÜCK IM LEBEN,
einfach weil sie
bereit sind,
es zu finden.

ELFRIEDE ENGEL

Düfte sind wie
Musik für unsere
Sinne.

AUS PERSIEN

Duftende Glücksmomente

Das Glück mit allen Sinnen genießen ... das geht auch hervorragend mit Düften. Jeden Tag begegnen uns unzählige von ihnen. Doch viele Menschen wissen gar nicht, wie stark sie unsere Gefühle und unser Wohlbefinden beeinflussen können. Schnuppere ganz bewusst an den Blümchen in deinem Garten, an deinem Kaffee oder an frisch gewaschener Bettwäsche. Hmmm, wie das duftet!

Wie die Bienen in ihren Körben Honig sammeln, sollten wir *Schönes, Erfreuliches, Ermutigendes* sammeln.

PETER PAAL

Meistens sind es die klitzekleinsten Dinge,
die das Leben so großartig machen.

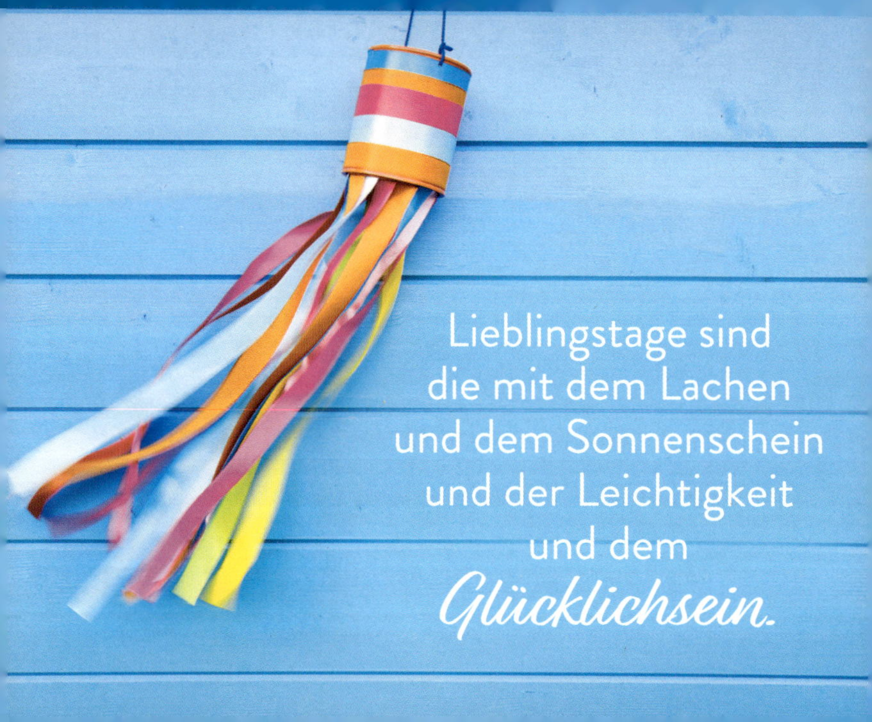

Lieblingstage sind
die mit dem Lachen
und dem Sonnenschein
und der Leichtigkeit
und dem
Glücklichsein.

Dass ich fröhlich bin,
die Sachen leichtnehme,
das ist mein Glück.

JOHANN WOLFGANG VON GOETHE

Die Entdeckung
des Wunderbaren im Alltäglichen
bedarf der Fähigkeit, mit den
Augen des Herzens
sehen zu können.

ERNST FERSTL

Wenn du glücklich bist, fangen deine Träume
in den schönsten Farben an zu leuchten.

PAUL HUFNAGEL

Ab nach draußen!

Das Zwitschern der Vögel und Brummen der Hummeln ... Blütenkonfetti, das von den Bäumen regnet, oder Schnee, der aus den Wolken rieselt ... das Rauschen des Windes in den Blättern oder das Plätschern des Wassers am Bach – in der Natur ist es eigentlich immer und überall schön. Hier kannst du die Seele baumeln lassen – ganz weit weg von Stress und Hektik. Also nichts wie los!

Mach nur die Augen auf;
ALLES IST SCHÖN!
Ludwig Thoma

Der große Reichtum
unseres Lebens, das sind die
KLEINEN SONNENSTRAHLEN,
die jeden Tag auf unseren
Weg fallen.

HANS CHRISTIAN ANDERSEN

Ab und zu sollten wir auf unserer Jagd nach dem Glück innehalten und einfach mal nur glücklich sein.

UNBEKANNT

Der Alltag wird zur Poesie, wenn du ihm
die Stimme deines Herzens gibst.
KIRSTEN SCHWERT

Die besten und schönsten
Dinge auf der Welt kann man
weder sehen noch hören.
Man muss sie mit dem
Herzen fühlen.

HELEN KELLER

Jeder Morgen ist ein
NEUER ANFANG –
jeden Morgen ist
die Welt wie neu!

LUCY MAUD MONTGOMERY

Heute ist ein
großartiger Tag, um
glücklich
zu sein!

Das bunte Leben beginnt dort, wo wir mit Freunden sind und uns mit kleinem Glück umgeben.

JUSTUS PAUL

Eine warme Umarmung,
ein nettes Wort,
gemeinsam von Herzen lachen –
das sind die kleinen Bausteine

des Glücks.

Auch ein kleines Glück,
das unser Herz berührt,
geht nicht einfach wieder:
Es lässt uns eine schöne

ERINNERUNG

zurück.

IRMGARD ERATH

Jeder glückliche Moment
hinterlässt einen kleinen Abdruck
im Herzen.

Wenn du Märchenaugen hast,
ist die Welt voller Wunder.

VICTOR BLÜTHGEN

Will man einen
traumhaften Tag erleben,
muss man nach dem

SCHÖNEN

Ausschau halten.

LUCY MAUD MONTGOMERY

Happy Hygge

Bestimmt hast du auch schon mal von Hygge gehört. Hygge ist ein Lebensgefühl, das ursprünglich aus Dänemark stammt. Es beschreibt das wohlige Gefühl, wenn man es sich mit lieben Menschen so richtig gemütlich macht. Das geht aber nicht nur mit Kuscheldecken, Kakao und Kerzenlicht in der kalten Jahreszeit, sondern das ganze Jahr! Eine Radtour mit Picknick, eine Grillparty mit Stockfeuer oder an einem verregneten Frühlingstag gemeinsam Kuchen essen … mach es dir mit deinen Lieben so richtig hyggelig!

Das Leben ist
DAS SCHÖNSTE
MÄRCHEN.
HANS CHRISTIAN ANDERSEN

Glück ist,
wenn die Seele
bunt denkt!

In der Natur kann ich

Wunder schauen,

wenn ich still sitze und mich öffne
für den Glanz, die Farben
und die Düfte.

CARMEN STEINSCHNACK

GLÜCK HEISST:
HERZ ÜBER KOPF

ins Leben

ZU STOLPERN!

Überraschungen
sind die Abenteuer des Alltags.

THOMAS ROMANUS

Umgib dich mit Menschen,
die dein Herz
ZUM LEUCHTEN
bringen.

*Glück
ist ein Wunderding.
Je mehr man davon gibt,
desto mehr hat man.*

GERMAINE DE STAËL

Wer noch
staunen kann,
wird auf Schritt
und Tritt
beschenkt.
OSKAR KOKOSCHKA

Im Sonnenschein tanzen,
unter einem Sternenzelt träumen,
das Leben lieben,
jeden Tag genießen und uns
VON SCHÖNEN DINGEN
berühren lassen.

LISSY KLEE

Träume dir dein Leben schön
und mach aus diesen Träumen eine
Realität.

MARIE CURIE

Gehe vertrauensvoll
in die Richtung
DEINER TRÄUME!
Führe das Leben, das du dir
vorgestellt hast.

HENRY DAVID THOREAU

FREUDE
soll nimmer schweigen.
FREUDE
soll sich offen zeigen.
FREUDE
soll lachen, glänzen und singen.
FREUDE
soll danken ein Leben lang.

JOACHIM RINGELNATZ

Ein Lächeln im Gesicht ist das Schönste,
das du tragen kannst.

Es braucht keinen Grund, das Leben zu feiern.
Das Leben selbst ist Grund genug.

STEFANIE VEY

Ein Hoch auf das Leben!

Oft sparen wir uns die schönsten Dinge für einen besonderen Anlass auf. Doch verdient es nicht jeder neue Tag deines Lebens, gefeiert zu werden? Warte also nicht endlos ab, sondern zelebriere die kleinen Glücksmomente! Benutze das gute Geschirr, brühe die teure Teemischung auf, trage dein bestes Outfit und zünde deine schönsten Kerzen an.
Jeder Tag ist etwas Besonderes!

Ich halte mir stets vor Augen,
dass schon das bloße
Auf-der-Welt-Sein
etwas Großartiges ist.

KATHARINE HEPBURN

Man muss das Leben
tanzen.

FRIEDRICH NIETZSCHE

Wenn du das liebst, was du hast,
dann hast du alles, was du brauchst.

Wenn uns eine Sache fehlt,
sollte uns das nicht davon abhalten,
alles andere in vollen Zügen
zu genießen.

JANE AUSTEN

Kuschelige Geheimwaffe fürs Glück

Wusstest du, dass Kuscheln nachweislich glücklich macht? Beim Umarmen, Kuscheln und Schmusen wird nämlich das Glückshormon Oxytocin freigesetzt. Das sorgt dafür, dass wir uns einfach pudelwohl und entspannt fühlen. Höchste Zeit also, mal wieder ausgiebig mit deinem Lieblingsmenschen oder Haustier zu kuscheln!

Am liebsten läuft das Glück

IN OFFENE ARME.

ELFRIEDE ENGEL

Man kann einen seligen,
seligsten Tag haben,
ohne etwas anderes dazu
zu gebrauchen als
blauen Himmel
und grüne Erde.

JEAN PAUL

Glück
strahlt zurück wie
das Licht
des Himmels.

WASHINGTON IRVING

Ich verstehe nicht, wie man an einem Baum vorübergehen kann, ohne glücklich zu sein.

FJODOR DOSTOJEWSKIJ

Die Fähigkeit,
glücklich zu leben, kommt
aus einer Kraft, die
der Seele innewohnt.

MARC AUREL

Achte auf das

KLEINE IN DER WELT,

das macht das Leben reicher
und zufriedener.

CARL HILTY

Das große Glück
mag kleine Dinge.

Kleine Erlebnisse, großes Glück

Etwas zu erleben, macht einfach glücklich! Doch du musst nicht gleich deine sieben Sachen packen und zu einer Weltreise aufbrechen – auch in deiner näheren Umgebung gibt es viel zu erkunden! Egal, ob eine unbekannte Wanderroute, eine Kunstausstellung oder ein neu eröffnetes Restaurant ... schaffe in deinem Alltag Zeit für Erlebnisse, denn auch eine kleine Auszeit kann dir neue Energie und Inspiration schenken und pustet garantiert deinen Kopf frei.

Mach die Augen auf,
die Welt ist
voller Wunder!

Wie reich ist diese Erde
an kleinen, guten,
VOLLKOMMENEN DINGEN,
an Wohlgeratenem.

FRIEDRICH NIETZSCHE

Wenn du die
kleinen Dinge
im Leben schätzt,
hast du schon
den richtigen Weg
zum Glück
gefunden.

Bei jedem Spaziergang durch die Natur
erhält man viel mehr, als man gesucht hat.

JOHN MUIR

Sich Zeit für sich selbst nehmen,

OFFLINE GEHEN,

die Welt ansehen, daraus kann viel Glück und Schönes entstehen.

LISSY KLEE

Das Leben wird mir
nie zur Gewohnheit.
Es ist immer
ein Wunder.

KATHERINE MANSFIELD

Nur, wenn du
an Wunder
glaubst,
kannst du auch
eins finden.

Sammle schöne
Momente!

DAS LEBEN IST KURZ.

Brich die Regeln, verzeihe schnell,
küsse langsam, liebe wahrhaftig,
lache hemmungslos und
bedauere niemals etwas, das dich
zum Lächeln gebracht hat.

MARK TWAIN

IN UNS SELBST
liegen die Sterne unseres Glücks.

HEINRICH HEINE

Wenn ich das Wunder
eines Sonnenuntergangs oder
die Schönheit des Mondes
bewundere, weitet sich
meine Seele.

MAHATMA GANDHI

Gute Gedanken
sind wie Samen,
die in den Herzen
der Menschen
aufkeimen und in
der ganzen Welt
weiterwachsen
können.

CARMEN STEINSCHNACK

Wenn du
gute Gedanken hast, werden sie
wie Sonnenstrahlen
aus deinem Gesicht scheinen,
und du wirst immer
bezaubernd aussehen.

ROALD DAHL

EIN LÄCHELN,
ein Sonnenstrahl,
ein kühles Getränk –
es sind die
kleinen Dinge,
die das Leben
großartig machen!

Einmal Urlaubsfeeling to go, bitte!

Der letzte Urlaub ist schon zu lange her und der nächste lässt noch viel zu lange auf sich warten? Dann hol dir den Urlaub doch einfach nach Hause! Starte mit einem leckeren Frühstück wie im Hotel in den Tag, erkunde eine Sehenswürdigkeit in deiner Umgebung, genieße einen bunten Cocktail auf deinem Balkon und koche oder bestelle dir leckeres Essen – am besten aus deinem Lieblingsurlaubsland.

Geborgenheit ist freilich
ein stärkeres Wort für Glück.

JOHANN WOLFGANG VON GOETHE

Lieber für einen Moment
vollkommen glücklich
als immer vollkommen perfekt.

Lachen hat etwas von
Schmetterlingsflügeln.
ANGELIKA EMMERT

Am Ende des Tages
ist nur wichtig, dass ein
schöner Moment dabei war,
der dich zum Lächeln
gebracht hat.

Textnachweis: Wir danken allen Autoren bzw. deren Erben, die uns freundlicherweise die Erlaubnis zum Abdruck von Texten erteilt haben, sowie Ernst Ferstl, www.gedanken.at, S. 7 und S. 80.

Bildnachweis: Cover: An Chubenko/stock.adobe.com; Innenteil: pworld/Getty Images; S. 2: Masson/stock.adobe.com; S. 5: Bostan Natalia/stock.adobe.com; S. 7: Shutterstock.com; S. 9: Branimir/stock.adobe.com; S. 10: marigo/stock.adobe.com; S. 13: Shutterstock.com; S. 15: the_burtons/Getty Images; S. 17: MariAnne MacGregor/Getty Images; S. 19: Kitreel/stock.adobe.com; S. 21: Sarah Wright/Getty Images; S. 23: Gina/stock.adobe.com; S. 25: Kavita/stock.adobe.com; S. 27: the_burtons/Getty Images; S. 29: Shutterstock.com; S. 31: nataba/stock.adobe.com; S. 33: veronika7833/stock.adobe.com; S. 34: Shutterstock.com; S. 37: Shutterstock.com; S. 39: Shutterstock.com; S. 41: Goffkein/stock.adobe.com; S. 43: Shutterstock.com; S. 45: fieryphoenix/stock.adobe.com; S. 47: azurita/stock.adobe.com; S. 49: Tierney/stock.adobe.com; S. 51: Shutterstock.com; S. 52: kyslynskyy/stock.adobe.com; S. 54: Patrick Daxenbichler/stock.adobe.com; S. 56: azurita/stock.adobe.com; S. 59: Bart1983/stock.adobe.com; S. 60: Shutterstock.com; S. 63: julie208/stock.adobe.com; S. 64: goodmoments/stock.adobe.com; S. 67: belyaaa/stock.adobe.com; S. 69: Africa Studio/stock.adobe.com; S. 70: Shutterstock.com; S. 73: Shutterstock.com; S. 74: Shutterstock.com; S. 77: IVASHstudio/stock.adobe.com; S. 78: the_burtons/Getty Images; S. 81: Shutterstock.com; S. 83: Alberto/stock.adobe.com; S. 85: annanahabed/stock.adobe.com; S. 86: Evgeniy Kalinovskiy/stock.adobe.com; S. 89: Shutterstock.com; S. 90: Shutterstock.com; S. 93: borchee/Getty Images; S. 94: Fernando Trabanco Fotografía/Getty Images; S. 97: Maria/stock.adobe.com; S. 98: xiaoliangge/stock.adobe.com; S. 101: gudrun/stock.adobe.com; S. 102: Paula Daniëlse/Getty Images; S. 104: tutye/stock.adobe.com; S. 106: the_burtons/Getty Images; S. 109: Elisa Ursalas Photography/Getty Images; S. 110: Shutterstock.com; S. 113: Ольга Щербакова/stock.adobe.com; S. 114: Shutterstock.com; S. 117: Shutterstock.com; S. 119: mbbirdy/Getty Images; S. 120: nataba/stock.adobe.com; S. 123: Shutterstock.com; S. 125: the_burtons/Getty Images; S. 127: Aflo Images/Getty Images; S. 128: ondrejprosicky/stock.adobe.com; S. 131: lingqi xie/Getty Images; S. 132: Shutterstock.com; S. 134: Jenny Sturm/stock.adobe.com; S. 136: Shutterstock.com; S. 138: sonyachny/stock.adobe.com; S. 140: Naphat Photography/Getty Images; S. 142: Shutterstock.com.

Text: Kristin Funk
Cover: Alicia Terry
Layout: Doris Wohofsky, Dipl. Kommunikationsdesignerin
Satz: Peter Ball, Media Diversified GmbH
Gesamtherstellung: Elma Printing & Finishing, Istanbul

Kleine Pausen voller Glück
GTIN 978-3-8485-0297-4

www.groh.de

MIX
Papier I Fördert gute Waldnutzung
FSC® C164814
www.fsc.org

1 2 3 4 5